INVENTAIRE
V 31132

LE CONSEILLER
DU PIANISTE

PRÉCÉDÉ

d'une Notice Historique

SUR LE PIANO

par

GUILHAUME D'AX,

Auteur de la Grammaire Française des Mères de Famille.

PARIS,

CASTEL, Libraire,

Passage de l'Opéra, Galerie de l'Horloge, 21,

Et à l'Exposition Musicale

DE ALEXIS QUINZARD, ÉDITEUR DE MUSIQUE,

9 et 11, rue du Dauphin, près les Tuileries.

—

1857

LE CONSEILLER

DU PIANISTE

LE CONSEILLER
DU PIANISTE

PRÉCÉDÉ

d'une Notice Historique

SUR LE PIANO

par

GUILHAUME D'AX,

Auteur de la Grammaire Française des Mères de Famille

PARIS,

CASTEL, Libraire,

Passage de l'Opéra, Galerie de l'Horloge, 21,

Et à l'Exposition Musicale

de Alexis Quinzard, éditeur de musique,

9 et 11, rue du Dauphin, près les Tuileries.

—

1857

L'auteur se réserve les droits de traduction et de reproduction à l'étranger.

PRÉFACE.

Le piano étant devenu, de nos jours, un des instruments le plus en vogue, nous avons cru nécessaire de donner à nos lecteurs les indications indispensables pour le bien choisir, et de lui faire connaître les soins et les précautions atmosphériques à prendre pour sa durée.

Il est plus difficile qu'on ne le pense généralement de bien choisir un piano. On est souvent dans un grand embarras pour prendre une détermination qui ne laisse pas de regrets ; on est presque toujours sans vrai guide dans une acquisition aussi importante ; les véritables facteurs de mérite sont à peine connus, on connaît encore moins les qualités d'un bon instrument ; en publiant donc Le Conseiller du Pianiste, nous espérons être utile à nos lecteurs ; heureux serons-nous si nous avons atteint notre but.

NOTICE HISTORIQUE

sur

LE PIANO.

Dans une très remarquable étude sur les instruments de musique, le savant M. Buchet de Cublize, dit que les instruments qui ont servi de base aux divers mécanismes par lesquels on est arrivé au piano actuel, sont le *psaltérion* et le *tympanon*.

Leur forme fut successivement trapézoïdale et carrée et il résulte même, du passage d'une lettre de saint Jérôme, qu'on en fit qui avaient la forme d'un bouclier. Le corps de l'un et de l'autre était en bois; cependant il s'en faisait avec d'autres matières.

Il existe à Paris un très beau modèle de *tympanon* en marbre blanc, dont le fond et trois des côtés ne forment qu'une seule pièce et dont la belle sonorité ne s'expliquerait pas facilement à l'aide des théories acoustiques ordinaires. La forme est celle d'un trapèze; la table se fait remarquer par deux ouïes élégamment percées et par ses deux chevalets échancrés et dorés, dont l'un se décompose en parties mobiles pour les nécessités de l'instrument. Ce tympanon porte vingt rangs de cordes métalliques triplées.

On pinçait le *psaltérion* avec un tuyau de plume taillée et on frappait le *tympanon* avec deux baguettes recourbées vers la pointe.

L'ancien *choron* des Grecs n'était probablement qu'une espèce de *tympanon* à grosses cordes desquelles on tirait beaucoup de son au moyen de deux baguettes.

Le *rigabellun* et le *torsello*, dont parle Sansovino dans sa *Venezia descritta*, se jouait aussi avec des bâtons.

Le *nimphali*, dont il est question

dans le même auteur, paraît avoir été un petit *psaltérion* ou un petit *tympanon* à touches.

Ce que les instruments à cordes et à clavier ont emprunté au *psaltérion*, consiste spécialement dans l'emploi de la plume taillée pour en opérer le pincement. Ce qu'ils doivent de même au *tympanon*, c'est le mode d'extraction du son, c'est-à-dire le frappement qui a été avec le temps appliqué de diverses manières.

Le *clavicorde*, nommé aussi *clavicembalo* ou *manicordium*, et qu'on représente ordinairement comme le père de la *virginale*, de l'*épinette* et du *clavecin*, n'était en vérité qu'un *nimphali* perfectionné, c'était toujours le *tympanon*, mais très avantageusement modifié et bien enrichi. Le *clavicorde* se composait d'une caisse d'harmonie, d'une table d'harmonie placée sur cette caisse, de cordes de laiton, de chevilles pour tendre ces cordes, de clous servant de points d'attache, et d'un clavier dans lequel chaque touche était surmontée d'une petite lame de cuivre destinée tout à-la-fois à mettre une corde en vibration et à lui servir de chevalet mobile. Ce système d'une certaine simplicité, offrait de très graves inconvénients. En premier lieu, la lame de cuivre, implantée sur la touche, heurtait plutôt qu'elle ne frappait la corde placée au-dessus d'elle, ce qui rendait im possible la production d'une parfaite sonorité; puis, la corde frappée étant soulevée et raccourcie par la pression de la lame, rendait des sons plus aigus ou plus graves, suivant que le coup avait été donné plus ou moins fort. Enfin, le contact immédiat de la lame et de la corde se maintenant aussi longtemps que le doigt pressait la touche, avait pour effet de paralyser totalement les vibrations du corps sonore.

Les inconvénients que présentait le système du *clavicorde*, d'une grande simplicité, le firent abandonner assez promptement et furent cause vraisemblablement qu'on chercha à faire l'application du clavier aux instruments à cordes pincées. Les facteurs arrivèrent à leur but en inventant un instrument qu'on appelait, au seizième siècle, une *virginale*.

L'*épinette*, qui la remplaça, eut une grande vogue, mais elle ne tarda pas non plus à être détrônée par un instrument appelé *clavecin*.

Le *clavecin* fut d'abord construit d'après le même mécanisme que l'*épinette* ou la *virginale* et il n'eut, en commençant, qu'une seule corde pour chaque note. Mais, vers la fin du seizième siècle, il reçut de grands perfectionnements dus au génie de Hans-Ruekers, menuisier d'Anvers, qui devint un des facteurs les plus célèbres de son époque.

Plus tard on essaya d'imiter, à l'aide de mécanismes divers, les sons de la *harpe*, du *luth*, du *basson* et d'autres instruments, ce qui amena la découverte des effets auxquels on donne le nom de jeux. Mais quelques efforts que fissent les facteurs les plus habiles pour porter le clavecin à un degré de perfection, ils ne purent jamais lui enlever sa sécheresse et sa dureté naturelles, ni le rendre apte à faire sentir les nuances.

En 1716, Marius, qui travaillait à Paris, présenta à l'Académie des sciences trois modèles de *clavecin* à maillets, parmi lesquels il s'en trouvait un qui se faisait remarquer par la liberté et le mouvement particulier de ses marteaux.

Schrœter, qui vivait à Dresde, commença, en 1717, à construire des claviers d'après ce système, et on sait quelle réputation acquit Silberman pour les perfectionnements qu'il ajouta aux modèles de Schrœter.

On donna d'abord au nouvel instrument le nom de clavecin à marteaux, et, bientôt après, celui beaucoup plus précis de *clavecin forte-piano*, parce que son mécanisme avait résolu une difficulté longtemps étudiée, celle de pouvoir faire sentir sur les cordes les nuances du *forte* et du *piano*. Puis, avec le temps, on abrégea en disant seulement : *forte-piano* ou *piano-forte*, et l'on finit par adopter pour son nom définitif la première moitié de cette dernière appellation.

LE

CONSEILLER DU PIANISTE

LE CONSEILLER

DU

PIANISTE.

Des facteurs de pianos.

On divise les facteurs de Paris en trois classes : la première comprend les facteurs de premier ordre, d'une réputation bien acquise, méritant, par leurs recherches, par leurs divers systèmes de construction et surtout par le bon choix des bois nécessaires à la fabrication du piano, la renommée qu'ils ont acquise à force d'essais et de coûteux sacrifices.

Au second rang, on doit classer ceux qui tout en faisant de bons pianos et en apportant le plus grand soin dans la fabrication de ce bel instrument, n'ont pas encore atteint le mérite des premiers.

Occupent enfin le dernier rang, les facteurs peu soucieux d'une bonne fabrication, qui livrent au commerce et à très bas prix des pianos qui sont plutôt des meubles que des instruments. Les pianos de ces facteurs ne marchent jamais bien, durent très peu de temps, ne gardent pas l'accord et ont un son d'une qualité détestable. Ces pianos sont dignes tout au plus de rompre les doigts d'un commençant ou de figurer dans le boudoir d'une lorette.

Des différentes espèces de pianos.

Il y a dans le commerce trois espèces de pianos :

Le piano à queue ;

Le piano carré ;

Le piano droit (à cordes droites ou à cordes obliques).

Le piano à queue est, selon la dimension que le facteur lui donne, de trois formats différents : d'abord le grand format, destiné aux salles de concert ; puis, le moyen format ou demi-queue ; enfin, un troisième format plus petit que les deux autres. Généralement, le moyen format est préféré par l'acheteur.

Quel est le meilleur piano.

La réponse est facile. Le piano à queue est incontestablement supérieur au piano carré et au piano droit.

Il est plus solidement construit et

se conserve beaucoup plus longtemps.

Le son est plus puissant, plus brillant, et surtout d'une meilleure qualité.

Il tient l'accord plus longtemps que les autres.

Les marteaux et les étouffoirs sont moins tourmentés que dans les pianos droits.

Les cordes sont placées sur la même ligne que le clavier. Par ce moyen le pianiste est en perspective, ce qui lui permet de bien apprécier toute la portée du son.

La confusion des sons ou bourdonnement que l'on remarque dans les pianos droits, n'existe pas dans les pianos à queue, lorsque l'on sait judicieusement employer la grande pédale. Mais le grave inconvénient que présente le genre de ce piano, est d'abord son prix trop élevé pour les bourses modestes, puis, le trop grand espace nécessaire pour le bien placer.

Ces deux grands inconvénients lui font presque toujours préférer les pianos droits, plus faciles à placer, et d'un prix moins élevé.

Du piano carré.

Le piano carré est, après le piano

à queue, celui qui présente le plus de qualités ; mais les facteurs de Paris ont presque tous renoncé à la fabrication de ce genre. Aussi ne trouve-t-on dans le commerce que de vieux pianos qu'on vend difficilement, à cause du grand espace qu'il faut pour les placer dans un salon. On ne s'occupe presque plus maintenant, que de pianos à queue ou de pianos droits.

Du piano droit.

Le piano droit est à cordes droites ou à cordes obliques. L'un et l'autre ont des avantages et des inconvénients.

Dans les pianos droits à cordes droites, les basses sont faibles, sourdes et les octaves supérieures ont un son relativement meilleur, c'est-à-dire sonore, brillant, et d'une vibration argentine.

Dans les pianos droits à cordes obliques, les basses sont puissantes, d'une bonne vibration et les octaves supérieures d'un son obscur, court et de peu de portée.

Cela tient à la longueur possible des cordes.

Dans les pianos droits à cordes droites, les cordes basses sont courtes, et les cordes supérieures longues.

Voilà pourquoi les basses sont mauvaises et les dessus d'une sonorité supérieure.

Dans les pianos droits à cordes obliques, les cordes basses sont longues et les cordes supérieures très courtes. De là, de bonnes basses et des octaves supérieures médiocres.

Quelques facteurs de Paris, pour obvier à ces inconvénients, ont essayé d'agrandir le format, de fabriquer des pianos d'une grande élévation. Ils ne sont parvenus qu'à faire des armoires, sans que les qualités du son se soient proportionnellement améliorées. Nous dirons même que cet agrandissement de format donne au piano des sons un peu caverneux, ventriloques, qui sont loin d'être agréables.

Le problème consiste donc à détruire les inconvénients que nous avons signalés dans les deux espèces de pianos droits, sans agrandir le format ordinaire du salon, c'est-à-dire sans les construire trop élevés.

Certains facteurs ont fait de louables efforts pour obtenir l'égalité des sons. Les résultats qu'ils ont obtenus sont déjà un progrès. On peut arriver, nous n'en doutons nullement, à obtenir l'égalité proportionnelle des sons, qualité si essentielle dans la construction d'un bon piano.

Nous entendons par égalité des sons, la vibration bien égale dans toutes les octaves du piano, c'est-à-dire de bonnes basses, un bon médium et des dessus brillants et sonores.

Les basses doivent avoir de la puissance et du mordant. Il ne faut pas qu'elles soient sourdes, d'une sonorité indécise et caverneuse.

Le médium doit avoir un timbre doux et sympathique.

Les dessus doivent être à timbre argentin et non vitré. La vibration doit y être nette et surtout dépourvue de cette sécheresse que l'on y trouve si souvent.

Quelles sont les qualités d'un bon piano.

Lorsqu'on choisit un bon piano, il est très-essentiel d'apprécier :

La qualité du son.

Le volume du son.

L'égalité des sons.

La limpidité des sons.

La docilité du clavier.

La bonne construction.

La durée du piano.

Il est très-important de revenir sur chacune des qualités énumérées, et de bien faire ressortir leurs avantages.

De la qualité du son.

La qualité du son, pour être bonne, doit être sympathique, argentine plutôt que vitrée dans les octaves supérieures, puissante dans les basses sans être sourde. On trouve souvent des pianos qui ont un son mat, d'une vibration courte, presque caverneuse ou ventriloque.

Il faut bien se garder d'acheter de pareils instruments qui ne sont bons à rien, pas même pour jouer une polka ou pour accompagner la voix.

Du volume du son.

Pour qu'un piano soit bon, il faut qu'il ait un beau volume de son, d'une résonnance puissante, ayant du mordant et de la portée. Il y a des pianos qu'on entend à peine, lors même qu'on se trouve à une distance assez rapprochée de l'instrument. C'est là un grand défaut que doit bien observer celui qui achète.

Nous ferons aussi remarquer que les facteurs ont toujours grand soin de placer leurs pianos dans des salons, où il n'y a pas le moindre absorbant de son, comme meubles, tapis, rideaux, etc.

Tel piano, vous aura paru d'un beau volume de son chez le facteur, qui rendu chez vous, perd les qualités qui vous avaient séduit. Nous engageons les acquéreurs à faire sérieusement attention à notre importante observation.

De l'égalité des sons.

Il est très difficile de trouver un piano qui ait de bonnes basses, un bon médium et de bons dessus. Cette égalité des sons est une grande qualité à rechercher. On trouve trop souvent des pianos ayant de bonnes basses et de mauvais dessus, et d'autres, où les dessus sont très-bons et les basses très-faibles.

Les facteurs n'ont pas encore trouvé le moyen de détruire ces deux inconvénients. Il est cependant juste de faire remarquer que certaines maisons de Paris, livrent des pianos où ces défauts sont peu sensibles. Mais leurs prix plus élevés ne devraient nullement faire tergiverser la personne qui achète. On ne saurait trop payer l'égalité des sons, qualité fort rare, qui a exigé beaucoup d'essais et souvent de grands sacrifices d'argent.

De la limpidité des sons.

Quand on fait essayer un piano ou qu'on l'essaie soi-même, il est indispensable de remarquer si les sons ne se confondent pas, si en jouant divers passages, il ne reste pas un bourdonnement général qui se mêle à l'exécution des traits, si les étouffoirs en un mot n'éteignent pas complètement la vibration. Cet inconvénient n'est pas rare dans les pianos droits. Un pianiste seul peut être juge de ce grave défaut, car lui seul sait employer la grande pédale ou la grande vibration et l'éteindre à propos.

Quand on achète un piano, il faut se méfier de ce grave défaut qui malheureusement n'est pas rare. Jouez, rejouez même plusieurs fois si cela est nécessaire, essayez le jeu des pédales et des étouffoirs, et l'on ne se décide à acheter que lorsqu'on est convaincu que la confusion des sons n'existe pas, que le bourdonnement ne se développe pas après l'exécution de quelques passages, que la limpidité des sons existe dans le piano que l'on désire acquérir.

De la docilité du clavier.

La docilité du clavier est une qualité essentielle qu'on doit aussi rechercher. Les pianos trop durs, peu dociles, désespèrent l'exécutant. C'est surtout dans les passages qui demandent de la délicatesse, et dans les traits où il faut du mordant, sans dureté, que la docilité du clavier est indispensable. Il y a beaucoup de claviers inégaux, pâteux, paresseux, indociles, en un mot. L'instrument alors ne vaut rien.

Il faut se garder d'acheter de pareils pianos, parce qu'on serait forcé à les vendre au bout de peu de temps.

De la bonne construction.

Nous appelons bonne construction, les soins minutieux que le facteur apporte dans les diverses pièces qui entrent dans la fabrication du piano, telles que marteaux, étouffoirs, sommier, etc.

Pour que le sommier soit solide, il faut qu'il soit fait avec des chênes de Russie lentement desséchés. Cette pièce importante du piano porte les chevilles. De sa bonne ou mauvaise qualité dépend en partie la solidité de l'accord. Les facteurs de Paris, qui ne négligent rien pour conserver leur bonne réputation, se servent tous, de bois de première qualité. On ne trouve de mauvais bois que dans les pianos à bon marché, et chez tous ceux qui ne visent pas à fonder une bonne maison.

De la durée du piano.

La durée du piano tient d'abord au mérite du facteur, puis aussi aux soins minutieux, indispensables à l'instrument, à l'usage plus ou moins sobre qu'on en fait et au talent de celui qui en joue.

Les précautions atmosphériques sont aussi de la plus grande importance pour la durée du piano. Il faut préserver cet instrument de l'humidité comme aussi d'une température trop élevée, ne pas l'exposer à des courants d'air qui, souvent humides, agissent sur le bois ainsi que sur la colle employée pour la fabrication du piano. La colle germe alors et laisse pousser un petit champignon qui apparait sous forme de petites taches noires.

L'instrument en souffre beaucoup, perd le son et devient sourd.

L'humidité agit aussi sur les cordes et sur les chevilles. La rouille s'y développe ; il faut souvent changer alors les cordes.

L'humidité agit encore sur le bois, sur les marteaux, sur les étouffoirs et même sur le clavier. Il faut donc fermer le piano dès qu'on s'en est servi, essuyer aussitôt après le clavier et avoir soin de ne jamais placer ce meuble instrument entre deux croisées, ou dans une chambre humide. De tous ces soins dépend la durée du piano.

Des divers systèmes de construction.

Les divers facteurs de Paris ont en propriété différents systèmes de fabrication, fruit de beaucoup de recherches et de coûteuses expériences.

On trouve chez l'un, un système de marteaux, chez l'autre, un système pour les étouffoirs. La table d'harmonie de l'un diffère de celle de l'autre. Tel autre, pour obtenir plus de son dans les notes supérieures d'ordinaire si sèches, invente un chevalet pour leur donner une vibration plus éclatante et réussit plus ou moins bien à corriger ce défaut.

Il serait trop long de passer en revue les prétentions plus ou moins fondées des divers facteurs de Paris. Tous ont un but louable et réussissent plus ou moins bien à améliorer l'instrument. Nous nous bornons à constater les recherches, souvent le progrès et toujours de louables efforts. Il est glorieux de penser que la France marche en tête des nations pour la fabrication d'un instrument si généralement répandu.

CONCLUSION.

Il résulte de tout l'exposé précédent, que lorsqu'on veut un bon piano, il faut rechercher :

Une bonne qualité de son, qui soit comme la voix humaine, sympathique, à timbre argentin dans le haut et à timbre puissant et nerveux dans le bas.

Un beau volume de son à respiration longue. Il y a beaucoup de pianos, bons sous certains rapports, mais dont le son est court et s'éteint brusquement. Pour obvier à ce grave défaut, on est obligé de tenir presque toujours la grande pédale. La liaison des sons dans les pianos à son court est presque impossible. Le **STACCATO** y est on ne peut plus facile; mais le **LEGATO** y devient impraticable. La délicatesse dans le trait, les notes perlées qui finissent souvent un joli point d'orgue, tout cela est presque impossible à obtenir et impatiente l'exécutant.

Une grande égalité dans les sons; c'est-à-dire de bonnes basses et des octaves supérieures, d'une vibration nette, sonore et brillante. Il arrive très-souvent que les pianos qui ont de bonnes basses ont de mauvais dessus, et réciproquement. Il est nécessaire donc de chercher les pianos où ce défaut est diminué par les soins et les recherches intelligentes du facteur.

La docilité du clavier; c'est-à-dire facile à jouer, qu'il ne soit pas surtout, nous ne dirons pas dur, mais pâteux et peu sensible.

La bonne construction; s'assurer que le sommier où sont plantées les chevilles, est en bois de chêne de Russie sans défaut, bien choisi, que les marteaux et les étouffoirs sont d'un travail bien fini, que les garnitures sont de bonne qualité.

La limpidité du son; il faut que les sons s'éteignent brusquement par le jeu des étouffoirs. Point de bourdonnement surtout, car ce défaut, dans un piano, nuit beaucoup à la clarté du trait et à la netteté des phrases.

S'assurer enfin que le piano est bien neuf. Les facteurs vendent quelquefois des pianos qu'ils ont loués pendant un an. L'instrument n'en est que meilleur ; mais il a un an de moins à vivre. On peut se prémunir contre cette supercherie de certains facteurs, en examinant la garniture des marteaux qui est alors un peu aplatie, et n'a point l'élasticité des marteaux neufs.

Noms et Adresses

des Facteurs et des Accordeurs de Pianos,

DES ÉDITEURS DE MUSIQUE

Et des Professeurs de Piano de Paris.

Facteurs de Pianos.

Aimé-Thibout, Favart, 18.
Arnould, Jacob, 52.
Aucher, Bondy, 44.
Avisse, Marais-Saint-Martin, 73.
Avisseau aîné, boulevart Saint-Denis, 24.
Bardies, boulevart Poissonnière, 12.
Baranski, Chaussée-d'Antin, 35.
Bataille, St-Louis-Marais, 89.
Bauvais, faubourg St-Honoré, 7.
Bernhardt (L.), Bleue, 25.
Bernhardt (A.) fils et Cᵉ, faubourg Poissonnière, 80.
Beunon (L.), Chaussée-d'Antin, 4.
Bittner, Cerisaie, 13.
Blanchet fils, Hauteville, 26.
Blondel (A.), Duperré, 15.

Bonnet, Tronchet, 27.
Bord, boulevart Bonne-Nouvelle, 35.
Boursot, Notre-Dame-de-Nazareth, 16.
Bourriot, Luxembourg, 14.
Brauns, Rochechouart, 54.
Broussow (F. W.), Malte, 54.
Buch et Gervex, faub. Poissonnière, 114.
Bucher, Fontaine-au-Roi, 41.
Burckardt (D.), Mercier, 7.
Busson, Pagevin, 10.
Candèze (A.), Cléry, 100.
Caspers et fils jeune, St-Claude, 1 (Marais).
Challiot (E.), Saint-Honoré, 354.
Champeaux, Amelot, 74.
Chevalier, impasse St-Sébastien, 16.
Cleff, Dragon, 14.
Cluesman, Neuve-des-Petits-Champs, 5.
Coiffier, St-Antoine, 222.
Colin, Bac, 30.
Creiner (Henri), Bergère, 28.
Darche, Fossés-Montmartre, 7.
Debain (Al.), Vivienne, 53.
Detir et Cº, faubourg St-Martin, 122.
Devaquet, Bondy, 36.
Dieffenbacher, St-Sébastien, 38.
Domeny, faubourg Saint-Denis, 101.
Duquairoux-Lebrun, Montmartre, 44.
Dussaux, Paradis-Poissonnière, 39.

Ege, Neuve-des-Mathurins, 91.
Egly (J.), Hauteville, 61.
Elckhé (F.), Babylone, 47.
Erard (Pierre), Mail, 13 et 21.
Eslanger, J.-J. Rousseau, 19.
Everhard-Angenscheidt, Paradis-Poissonnière, 2 bis.
Flammant père et fils, Nve-St-Augustin, 45.
Fleicg et Ce, Grande-Rue, 75, Chapelle-Saint-Denis.
Fleury, boulevart Poissonnière, 6.
Franche (C.), Université, 42.
Frank (Mme V^e), galerie Colbert, 23 et 25.
Frédéric, Sainte-Anne, 42.
Frincken, Guénégaud, 7.
Fromentin et fils, q. d'Anjou, 25.
Gaidon jeune, Paradis-Poissonnière, 52.
Galander, Constantine, 33.
Gaudonnet, (Pierre), Dauphine, 26.
Gaveau, Taitbout 10.
Gillant et f^{me} Hatzenbuhler, Laffitte, 2.
Gilson, facteur de pianos, Joubert, 23.
Girard, de la Banque, 5.
Gombeau (L.), Richelieu, 112.
Grus, (Alph.), St-Louis-Marais, 58.
Gunselmann, Papillon, 7.
Heinbach, cour de la Trinité, 15 et 16.
Hensel (J.-J.), Basse-du-Rempart, 28.

Herce et Mainé, boul. Bonne-Nouvelle, 18.
Herman, Notre-Dame-de-Nazareth, 53.
Herman-Vygen fils aîné, faubourg Saint-Denis, 41.
Herz (H.), Victoire, 48.
Hesselbein, Vivienne, 23.
Hiderreiter, Grange-Batelière, 16.
Issaurat (M.-C.), Leroux et Cᵉ, Marbeuf, 75
Jacob, Braque, 8.
Janus jeune et Cᵉ, Grand-Prieuré, 14.
Jelmini, St-Louis-Marais, 75.
Juvenois, St-Maur-Popincourt, 166.
Kappes, Godot, 1.
Kleinjasper, St-Honoré, 296.
Klemmer, Dauphine, 13.
Klippel, Lamartine, 6.
Kriegelstein et Cᵉ, Laffitte, 53.
Laborde (J.-B.), faub. du Temple, 54.
Lainé (Aug.), boulevart des Italiens, 7.
Launer (Vᵉ), boulevart Montmartre, 16.
Lecouvreur, Blanche, 96.
Lefèvre (Ch.), faub. Poissonnière, 5 et 7.
Lentz (Sd), Denain 9.
Levis (M.), place de la Madeleine, 24.
Limonaire jeune, Nᵛᵉ-des-Petits-Champs, 20.
Magnié (Isidore), faub. Poissonnière, 97.
Massino et Cᵉ, boul. St-Denis, 6.

Melh (H.), St-Antoine, 170 et 172,
Mercier, boulevart Bonne-Nouvelle, 31.
Mermet, Hauteville, 52.
Metsanta, La Bruyère, 21.
Meyer, Pépinière, 94, avenue Percier, 8.
Monniot, St-Roch, 34.
Montal, boulevart Montmartre, 5.
Moullé, Ferme, 49.
Muller (A.), Ville-l'Evêque, 42.
Mullier, (A.), faub. St-Martin, 14.
Mussard frères, Barbette, 12.
Navarre et C°, Fléchier, 2.
Nicolas, Seine-St-Germain, 62.
Niderreither, faub. Poissonnière, 183.
Norquin, Yot et C°, faub. St-Denis, 162.
Pape (Henry), Bons-Enfants, 19, et Valois, 10.
Pape neveu, Monthyon, 15.
Paurelle aîné et C°, à Montrouge.
Paurelle jeune, Vieille-du-Temple, 26.
Petithuguenin (S.), Phelippeaux, 20.
Pfeffel jeune, Albouy, 8.
Perichon, St-Antoine, 64.
Pleyel et C°, Drouot, 2.
Poirot (D.), St-Denis, 374.
Radenez (Ch.) et C°, Richelieu, 8.
Redmer, Lancry, 6.
Richer (Th.), Vendôme, 16.

Richter, Rochechouart, 67.
Rinaldi (Mme), Caumartin, 3.
Roblot (V^e), faub. St-Denis, 62.
Rogez aîné, Jacob, 33.
Rosellen (Eugène), faub. Montmartre, 48.
Ruault, Lamartine, 54.
Ruelle (F.), Chaussée-d'Antin, 50.
Savart, Lepelletier, 10.
Schaan, faubourg St-Honoré, 64.
Schmidt (C.), Bourbon-Villeneuve, 20.
Scholtus, Bleue, 1.
Soufleto, faub. Saint-Martin, 172.
Systermans aîné, boul. St-Martin, 57.
Systermans jeune, boul. Poissonnière, 20.
Thibout (Améd.) et Ce, faub. Montmartre, 21.
Thibout (Aimé), Favart, 18.
Thomas (Joseph), ruelle des Lilas, 10.
Tournier et L. Buffet, passage du Grand-Cerf, 22.
Toutdit, Rochechouart, 76.
Tranchant, Cadet, 23.
Van-Gils (E.) et Wetzels, du Bac, 68.
Van-Overberg, Choiseul, 9.
Voigt (Charles), Laffitte, 34.
Voyer, Saint-Lazare, 62.
Weber, Crussol, 15.
Weingartner et Ce, Taitbout, 38.
Wetzels (G.), Bonaparte, 7.

Wiering, Cadet, 11.
Woelfel, Martyrs, 26 et 27.
Yot, Schreck et Ce, faub. St-Denis, 162.
Ziégler, de Sèvres, 2.

Accordeurs de Pianos.

Avisseau, aîné, boul. St-Denis, 24.
Baranski, Chaussée-d'Antin, 35.
Brunel, Popincourt, 76.
Bucher, boul. Bonne-Nouvelle, 11.
Challiot (E.), St-Honoré, 354.
Chaput (Ch.), Cléry, 96.
Chartier (Ch.), Dauphine, 40.
Chartier (C.-F.), Dauphine, 29.
Demarne, St-Benoît-St-Germain, 32.
Denouveaux, Montmartre, 78.
Devaquet, Bondy, 36.
Devoussoux, St-Victor, 57.
Flammant père et fils, N^{ve}-St-Augustin, 45.
Franche (C.), Université, 42.
Gaveau, Taitbout, 10.
Gilson, Joubert, 23.
Girard, de la Banque, 5.
Gothney, Dauphine, 57.
Grus (Alph.), St-Louis-Marais, 58.

Hensel (J.-J.), Basse-du-Rempart, 28.
Herman-Vygen fils aîné, faub. St-Denis, 41.
Hintermaver, St-Honoré, 414.
Hue, Ste-Marguerite-St-Germain, 16.
Hiening (A.), faub. Saint-Denis, 78.
Lainé (Aug.), boul. des Italiens, 7.
Laprevotte, Bac, 134.
Lebrun, faub. St-Honoré, 216.
Ledan, Francs-Bourgeois-Marais, 15.
Lefèvre (Ch.), faub. Poissonnière, 5 et 7.
Lesieur, Rossini, 16.
Masson, faub. Saint-Denis, 55.
Monniot, St-Roch, 34.
Montal, boul. Montmartre, 5.
Muller, Rochechouart, 29 bis.
Muller (A.), faub, Saint-Martin, 14.
Navare et C⁰, Fléchier, 2.
Nelles, Petit-Carreau, 6.
Nicolas, Seine-St-Germain, 62.
Pipre (Louis), Vieille-du-Temple, 58.
Poirot (D.), St-Denis, 374.
Radenez (Ch.), Richelieu, 8.
Reder, Chaussée-d'Antin, 23.
Ruelle (Frédéric), Chaussée-d'Antin, 50.
Suttin, Bretonvilliers, 1.
Thisse (P.), Caumartin, 41.
Thomas (Joseph), ruelle des Lilas, 10.
Truchot, St-Louis-Marais, 67.

Voigt (Ch.), Laffitte, 34.
Voyer, Saint-Lazare, 62.
Yzambal, Lamartine, 20.
Zoegger, St-André-des-Arts, 12.

Professeurs de Pianos.

Alcan, Labruyère, 11.
Alary, boulevart des Capucines, 9.
Alliaume, (V^e), faubourg du Temple, 54.
Aulagnier, faubourg Montmartre, 4.
Bataille (Mme), Saint-Louis-Marais, 89.
Beaufour-Viezling (Mme), Bergère, 9.
Bellanger (Mme), Neuve-St-Augustin, 10.
Benard-Thabereau, Université, 40.
Bled, Notre-Dame-de-Lorette, 36.
Bodart (Mlle), Caumartin, 71.
Bodin, Saint-Honoré, 338.
Bodiot (V^e), Taitbout, 15.
Boëly, Ponthieu, 14.
Bouchardy (Mme), Monthabor, 40.
Boullée (Mlle), Rivoli, 28.
Bourgeois de la Richardière (Mme), Poitevins, 4.
Boutroy, Fossés-Saint-Bernard, 26.
Bouvier-Duprat (Mme), Bellechasse, 56.
Bouzon (Mme), Sèvres, 137.

Briey-Korn (Mme), Labruyère, 27.
Brullé-Bouvard, Neuve-Montmorency, 3.
Castelli (Mme), Saint-Lazare, 20.
Castellier (Mme), Grammont, 11.
Chaudessaigues (Mme), faubourg Poissonnière, 70.
Chelles, Blanche, 70.
Cheronnet (Mme), Tour-d'Auvergne, 13.
Chesné (Mlle) Dragon, 12.
Coche (Mme), Montholon, 21.
Collien (Mme), Clichy, 68.
Crozier (Mme), quai de Gèvres, 8.
Daniel (Mlle), Bac, 63.
Delacroix (Mme), Racine, 30.
De la Saussaye-d'Aubigny (Mme), Blanche, n° 87.
Delamarre (Mlle), Vieux-Augustins, 20.
Delioux, Pigale, 40.
Delloy (Mme), Turgot, 31.
Delsarte, Chaillot, 36.
Denne-Baron, Babylone, 70.
Dennery, Rivoli, 50 bis.
Domeny (Mlle), faubourg St-Denis, 101.
Duvernoy, faubourg Montmartre, 25.
Farenne (Mme), Taitbout, 10.
Fleury, Lascases, 18.
Georges, Bussy, 12.
Godefroy (Mlle), boul. des Capucines, 17.

Hachette (Mme), Perle, 1.
Herz (H.), Victoire, 48.
Huby, Bussi, 10.
Jacquet (Mlle), Augoulême-St-Honoré, 47.
Lacombe, Victoire, 54.
Lardy (Mme), Bertin-Poirée, 15.
Laval (Mlle), Lepelletier, 21.
Lavergne (Mlle), Hauteville, 87.
Layet (Mlle), Jacob, 33.
Leclerq (Mme), Latour-d'Auvergne, 21.
Le Bel, Neuve-Saint-Augustin, 24.
Lemoine, Echelle, 7.
Letort (Mlle), Papillon, 5.
Levasseur (Mme), Saint-Dominique, 18.
Lorimier (Mlle), Tournelles, 41.
Lorotte (Mlle), faubourg Poissonnière, 8.
Lunel (Mme), Jacob, 42.
Martin, Saints-Pères, 7.
Masson, faubourg Saint-Denis, 55.
Mercié-Porte (Mlle), faub. Montmartre, 6.
Misler, Vivienne, 8.
Monvoisin (Mlle), Bourbon-Villeneuve, 7.
Morel, Saint-Gilles, 9.
Morel (Mlle), Vieux-Colombier, 31.
Muller (Mme), Provence, 74.
Pellecat (Mme), Rousselet, 31.
Pellereau, Lafayette, 12.
Pierson-Bodin (Mme), Saint-Honoré, 323.

Piquet (Mme), Pavée-Saint-André, 14.
Pollet, boulevart Montparnasse, 75.
Prely (Mlle), faubourg Montmartre, 25.
Prudent, Bleue, 6.
Prumier (Mme), Rocroi, 1.
Rachoux (Mme), Pépinière, 56.
Reau Mlle), Berlin, 15.
Redler. Monsieur-le-Prince, 48.
Rosa (Mlle de), Lavoisier, 22.
Rosenhain, Labruyère, 19.
Rousseau (Mme), Grenelle-St-Germain, 52.
Serruau (Mme), Latour-d'Auvergne, 20.
Simon, Sèvres, 64.
Systermans jeune, boul. Poissonnière, 20.
Teste, Blanche, 42.
Trinquart (Mme), faub. Poissonnière, 72.
Tupin (Mlle), Four-Saint-Germain, 47.
Valiquet, Mayet, 12.
Vannier (Mme), Richelieu, 38.
Veille, Port-Mahon, 6.
Verschneider, Mayet, 12.
Verteuil (Mme), Pyramides, 6.
Vilkin, Université, 34.
Villiers (Mmes de), Bac, 104.
Wolff (E.), Grange-Batelière, 1.
Wolff (A.), Bergère, 9.
Zimmermann, Saint-Lazare, 36.

Editeurs de Musique.

ABEL, faubourg Saint-Denis, 32.
AULAGNIER, faubourg Montmartre, 4.
BENACCI-PESCHIER, Laffitte, 7.
BENARD-TABEREAU, Université, 40.
BERNARD-LATTE, boulevart des Italiens, 8.
BENOIT aîné, Meslay, 40.
BLANCHET (F.), Croix-des-Petits-Champs, 9.
BONOLDI (F.), Lepelletier, 23.
BOUCHOT, boulevart Beaumarchais, 34.
BRANDUS et Cie, Richelieu, 103.
BRULLÉ (A.), pass. des Panoramas, grande galerie, 14.
CADOT, passage du Saumon, 53.
CANAUX (V^e), Sainte-Appoline, 17.
CENDRIER (Mme), faub. Poissonnière, 11.
CHABAL, boulevart Montmartre, 15.
CHAILLIOT (E.), Saint-Honoré, 354.
CHOUDENS, Saint-Honoré, 385.
COLLINET, Fossés-St-Germain-l'Auxerrois, n° 33.
COLOMBIER, Vivienne, 6.
COTELLE (A.), Saint-Honoré, 137.
CURMER (Alph.), Marais-St-Germain, 13.
DUFRÊNE (L.), boulevart St-Martin, 4.
DURAND, Rambuteau, 32.
DUVERGER, Sainte-Anne, 34.

Escudier, (L.), Favart, 8.
Escoffon (Mme), passage Delorme, 25.
Flaxland (G.), place de la Madeleine, 4.
Fourmage, quai Malaquais, 3.
Gambaro aîné, Sainte-Anne, 16.
Garaudé (A. de), Sainte-Anne, 43.
Gauthier, Latour-d'Auvergne, 8.
Grus (Alex.) boulevart Bonne-Nouvelle, 31.
Harand, Ancienne-Comédie, 20.
Heu (E.), Chaussée-d'Antin, 16.
Heugel et Cie, Vivienne, 2 bis.
Janet (Félix), passage Verdeau, 6.
Joly, Seine, 9.
Julien, Notre-Dame-des-Victoires, 28.
Launer (V^e), Montmartre, 16.
Lavinée (Aug.), Notre-Dame-des-Victoires, 46.
Le Bel (L.), Neuve-Saint-Augustin, 24.
Leduc (Alph.) Bourse, 2.
Legouix, quai Voltaire, 29.
Legouix, Montmartre, 3.
Lemoine (Henry), Echelle, 7.
Lesigne, boulevart du Temple, 34.
Maeyens-Couvreur (Mme), Bac, 40.
Maho (J.), passage Jouffroy, 10.
Maledent, Grenelle-St-Germain, 13.
Mariscotei, Soufflot, 9.
Margueritat, boulevart du Temple, 43.

Martin frères, Montmartre, 134.
Mayaud (L.) et Cie, boul. des Italiens, 7.
Meissonnier (J.) fils, Dauphine, 18.
Pacini, Louis-le-Grand, 21.
Paté, passage du Grand-Cerf, 26.
Petit aîné, Palais-Royal, galerie Montpensier, 50.
Prilipp (Camille), boul. des Italiens, 19.
Quantin, boulevart Montmartre, 20.
Quinzard, rue du Dauphin, 9 et 11,
Richault (Simon), boul. Poissonnière, 26.
Royol (Isidore), Saint-Honoré, 306.
Saint-Étienne (Sylvain), successeur de Boieldieu, Vivienne, 53.
Schonenberger, boul. Poissonnière, 28.
Tournier et L. Buffet, pass. du Grand-Cerf, 22.
Van Gils (E.) Bac, 68.

Paris, Typ. Dubois et Vert, rue St-Denis, 376.

56

Paris.—Typ. Dubois et Vert, rue St-Denis, 376.

www.ingramcontent.com/pod-product-compliance
Lightning Source LLC
LaVergne TN
LVHW051459090426
835512LV00010B/2241